Paul Kraft

Gedichte

Paul Kraft: Gedichte

Erstdruck: Leipzig, Kurt Wolff Verlag, 1915 als Band 18 der Reihe
»Der Jüngste Tag«. Die Gedichte entstanden zwischen Oktober 1913
und Januar 1915.

Neuausgabe
Herausgegeben von Karl-Maria Guth
Berlin 2017

Umschlaggestaltung von Thomas Schultz-Overhage unter Verwendung
des Bildes: Eugeniusz Żak, Mädchen mit Schal, 1916

Gesetzt aus der Minion Pro, 12 pt

Verlag: Henricus - Edition Deutsche Klassik GmbH
Mörchinger Str. 33, 14169 Berlin, info@henricus-verlag.de
Druck: Libri Plureos GmbH, Friedensallee 273, 22763 Hamburg

ISBN 978-3-7437-0200-4

Bibliografische Information der Deutschen Nationalbibliothek

Die Deutsche Nationalbibliothek verzeichnet diese Publikation in der
Deutschen Nationalbibliografie; detaillierte bibliografische Daten sind
im Internet über www.dnb.de abrufbar.

Inhalt

Verzweiflung

O Blitze, zuckt in mich hinein
Aus Armut, Zweifel, Sturz und Tod
Und steigert wenigstens meine Not
Zu höherem, wenn auch schwärzerem Sein.

Brennt doch hinein in meinen Geist
Und reißt zerstörend ihn hinab
Und schmeißt ihn weg zu Schutt und Grab,
Wenn innere Not ihn nicht zerbeißt.

Werft Pulver doch in mich hinein,
Schießt meinen Körper doch zusammen,
Ergießt euch, hergesehnte Flammen,
Vernichtend in mein halbes Sein.

Zerbrecht doch meiner Seele Band,
Das überm Abgrund sie noch hält,
Daß sie, so schlaff und schwach gespannt,
Zerrissen in die Tiefe fällt!

Türmt doch in meinem Innern auf
Ein wirkliches, faßbares Weh,
Aus Gift und Blut und Falln im Lauf,
Aus Dämon, Wüste, Nord und Schnee!

Doch nicht dies blasse Halbverzagen,
Doch nicht dies schale Halbverwehn,
Laßt lieber mich ein Ganzes tragen
An Haß und donnerndem Vergehn!

Wirbelt mich durch der Welten Schmach,
Schleift mich durch Tier und dumpfes Sein,
Und wenn ich nicht an mir zerbrach,
Zerbrecht mich doch an anderer Pein!

Doch nicht dies dumpfe Nichtvertraun,
Kein Blitz, kein Blühen, kein Erhellen,
Kein Wald, kein Lachen, keine Quellen,
Kein fester Grund, auf dem zu baun.

Zerrt mich zerknickt durch Höllenmund,
Durch Rauch und Ruten und Spelunken,
Daß ich zerknittert und zertrunken
So tief, o Schmerz, in dich gesunken,
An dir erst werde recht gesund!

An gewisse Andere

Tier im Menschen, Mensch im Tiere,
Eingeschnürt in Nacht-Visiere,
Ewig Grausein, ewig Schlechtsein,
Ewig dumpfes Ungerechtsein,
Kraut im Feld und Rauch im All,
Schlamm auf Straßen, Sturz und Fall,
Staub und Asche, Stank im Blut,
Niedergang und dürrer Mut,
Eure Güte noch ist Haß,
Härte ohne Ziel und Maß.

Eure Nächte erst sind Tag,
Euer Leuchten ist mein Dunkel,
Sein Erlöschen mein Gefunkel,
Wenn ihr schlaft erst bin ich wach.

Ekel spritzt vor euch zur Erde,
O ihr Tiere! O ihr Herde!
Falsch erworbener Stärke Nützer,
Haß- und Niedertracht-Verspritzer,
Allen Schwachen Tyrannei,
Schlägt die Güte ihr entzwei.

Herz! O Herz! Du dennoch Sieger,
Ob ihr spottet, wenn ich mahne,
Ewigdürren Feldes Pflüger
Als des Lebens schlechtste Krieger,
Über Pranger eures Eifers
Bösbehaglichen Gegeifers,
Über euch und euren Hohn,

Über Gott und Gottes Thron
Donnern meine Wort-Orkane,
Wirbelt meiner Güte Fahne.

Lied des müden, abgearbeiteten Großstädters

Was habe ich vom Grün des Sommers denn?
Von Helle und Spaziergängen an Seen!
Wenn Bäume sanft und leicht nach vorne wehn,
Wenn weiße Kinder lachend spielen, wenn

Das Goldene auf dem Blau des Himmels liegt.
Wie sehn' ich mich, das Lichte zu umfassen,
Wenn Sonnen-Schein des Morgens auf den Straßen
Die Welt in neues tiefes Fühlen wiegt.

Was habe ich von schneeigen Wintertagen,
Wenn Ihr, in Kraft und Frische aufgereckt,
Von seltsam-mutigem Gefühl bedeckt,
Durch Kälte hinmarschiert und Wohlbehagen?

Was habe ich von Sichergehn in Gärten
Und Pärken an des Abends weicher Hand?
O schmerzliches Vorbeiwehn an begehrten
Frauen und Weiß und Sternen-Strand.

O schmerzliches Vorbei an Tennisplätzen
Und Neid auf schöne Menschen, die da spielen,
O schmerzliches Einstürmen von Gefühlen,
Die meiner Seele letzten Trost zerfetzen!

O Neid auf Reiter, die durch Morgentau
Und braunen Sand und wunderbare Kühlen
Und wunderbare Frische von Gefühlen
Hinstürmen wie im Lächeln einer Frau.

O Herz! O dunkles Herz! O Durst und Sehnen
Nach Tagen, selig hingespielt im Glanz
Des Nichtstuns, wilder junger Freuden Tanz
Und innigem Genießen alles Schönen.

Schweben durch Pärke, die dich mild umarmen,
Schwimmen durch Seen, die dich sanft umkosen,
Schwelgen im blauen Dufte aller warmen
Süßen, von Purpurschein durchglänzten Rosen.

Baden in Mädchen, die so weich und gut sind
Und die Geliebte stundenlang betrachten
Nicht mehr vergebens – irre nach ihr schmachten
In Betten, die eiskalt und die voll Blut sind.

Und Nächte, die zerbrechen von Gefühlen
Und meiner Seele Berge übersausen.
O Explosion! O Steigerung! O Brausen
Durch Lauben, die mein Denken grün umspülen.

Kein Abgespannt sich in die Stadtbahn werfen,
Nicht mehr stillsitzen auf den hohen Stühlen,
Keine Gehässigkeit, kein Schwarz, kein Wühlen
Im Schmerze meiner überreizten Nerven.

Nur Tage, die in Licht und Hauch versinken,
Nur Nächte, die zergehn in Lustgefühlen,
Und nur durch Taumel schimmerndes Sich spülen
Und nur aus Liebe wieder Liebe trinken.

An die unbekannte Geliebte

An M. S.

I.

Immer bin ich dir nah, Geliebte, ob ich des Abends
Müde mich in gütige Decken wickle
Oder am Morgen von hüllendem Bett aufstehe,
Ob ich, noch halb verschlafen, am Kaffeetisch sitze,

Zitternd vor böser Schule marternder Dumpfheit,
Ob ich auf Straßen gehe, wo Menschen schwirren,
Grinsende Worte mich ekeln, gute mir schmeicheln,
Oder ob ich vor grausamer Arbeit verzweifle:

Immer schwebst du vor mir, besternt und bestrahlt,
Himmel am Abend, goldener Widerschein
Purpurner Sonnen im Meere, leichtes Gewölk,
Duft und Zerfließen, schattiger Wald im Glühen

Drückender Wärmen, unendliche Melodie,
Aufsteigend, schmetternd, rasend und dann vergehend,
Schmeichelnd, peitschend, Seelenatem zerreißend,
Lächelnde Blumen auf brennendes Denken streuend.

Deine Seele, die in verborgene Tiefen
Nur ihr Letztes ausstrahlt, und die ich nicht kenne,
Die sich mir nie enthüllte, liegt dann ganz oben,
Ausgebreitet dem suchenden Blick. Und die Reinheit

Glanzvoller Tage blendet mich, daß ich erbebe
Und Verzückung einatme und seliges Rauschen
Aller strahlenden Flüsse und schimmernden Meere
In mir erklingt und Triumph und funkelnde Glorie

Wie Raketen zu brennenden Höhen steigen
Und die Schwärze zerfliegt und himmlische Fahnen
Wehen, Fanfaren donnern und singende Engel
Leuchtend vom Himmel zur Erde herniedertanzen.

II.

Immer schöpf' ich, Geliebte, aus goldenem Brunnen
Worte (Worte nur!), die dein durchschienenes Antlitz
Auf das weiße Papier abspiegeln sollen und zeugen
Von seinen purpurnen Früchten und ewigen Sonnen.

Wenn ich den Hauch meines Mundes einatme, entsteigt
    ihm
Dein berauschender Duft. Die Süße des Apfels, der Birne
Birgt deine Süße und durchfließt mich in tiefer,
Seliger, dunkler, geheimnisvoller Verwandlung.

Und ich fühle die werdende, strömende Weihe
Heiligen Abendmahls, wenn ich in der Würze des Brotes
Wahrhaft deinen Leib fühle und deine Glieder
Und bis in innerste, glühendste Tiefen erschaure.

III.

O Gefühle, bedrückende und aufreißende
Gefühle: daß ich, ungekannt, ungeliebt von dir,
Altar dir auf Altar errichte wie einer Göttin,
Lichter um dich entzünde und schwebende Sterne.

Wo bist du jetzt? Wo fliegen deine Gedanken?
In leichten Lüften? In dumpfer Niederung?
Im Atem steigenden Lebens oder in Dünsten
Sinkender Schwäche und zerfallener Krankheit?

Schläfst du schon, eingehüllt in Decken und Kissen,
Ruhig, wunschlos? Oder sehnst du den Leib
Brünstigen Zuckens nach der starken Umarmung
Schauernder Wollust und hinströmender Triebe?

Was soll dies alles? Weiß ich das eine doch nur:
Daß ich hier sitze und schreibe und an dich denke
Und du mir fern bist und – ob du nun weinst oder lachst,
Klar oder verworren in dir bist, nicht an mich denkst.

IV.

Du bist die Höhe und ich bin die Tiefe,
Ich fühle mich so klein und verdorben neben dir!
Und wenn uns der Gott der Sterne selber zusammenriefe,
Ich fühlte mich immer noch weit entfernt von dir!

Geliebte! ich fühle dich in mir die Tage und Nächte,
Du badest in mir und breitest dich in mir aus.

Du rinnst über meinen Leib und bist das Haus,
In dem ich wohne, und bist der Schlaf meiner ruhigen
   Nächte.

Du bist bei mir, wenn ich Gutes esse und trinke,
Du zerteilst meinen Körper und schwimmst aus mir
   plötzlich hervor!
Und stehst vor mir und lachst und sprichst taumelnde
   Worte und ich versinke
In deinem Duft und fliege dann brennend empor.

Du stehst vor mir und ich fasse dich und stürze in dich
   hinein
Und fühle ein so ganz, ganz unnennbares Entzücken
Und fühle: jetzt kannst du sie alle beglücken!
Und fühle: jetzt kannst du Wein und goldener Becher sein!

V.

Es genügt mir ja, einen deiner Blicke zu fangen,
Um glücklich zu sein,
Einmal in deinen blonden Wimpern und Haaren zu hangen
Selig – allein.

Einmal in deinem Zimmer vor dir zu beten,
Geliebte!
Und zu wissen, daß du meine Augen fühlst, die blaß und
   zertreten
Vor dir niederfallen, Geliebte!

Was du dabei denkst, ist ja so unendlich egal.
Nur das Wissen,

Daß du meine Blicke auf dir brennen fühlst wie Flamme
und Strahl,
Wärmt mich wie Decken und Kissen.

Es genügt mir ja, dich einmal durchs Zimmer gehen zu
sehn,
Geliebte!
Einmal eine Viertelstunde auf der Straße hinter dir zu gehn,
Einmal meine Blicke wie Winde um dich zu wehn,
O Geliebte!

VI.

Geliebte! Flüsterndes Wiegenlied! Jede deiner
Wehenden Bewegungen ist das strahlende Feuer von
erhabenen Bibeln,
Ist Glorie und Wunder wie einst die Bilder in Kinderfibeln,
Ist Höhe und Zuflucht und Inbrunst. Jeder meiner

Blicke rieselt zerbebt und zerfleht an dir empor.
Alles an dir ist Süße und streichelnde Welle.
Dein Lachen! Deine ironischen Verbeugungen! O,
erfrischende Quelle
Im Walde nach langem Marsche! O Lieder und jubelnder
Chor!

Siegesparadiese umduften mich! Atem gerinnt!
O Geliebte! O segnendes Schicksal! O Haar! O Kleid!
(O wär ich dies Kleid!) O Gesang! O Seligkeit!
Dein Gesicht – (O beschwingtestes Eigenschaftswort, das
mir jetzt fehlt, komme und hauche dich in mein Ohr) –

Dein Gesicht legt sich auf mich wie sanfter Sommerwind!
Deine Stimme steigt unendlich in strömendem Goldklang
    und singender Süße empor.

Jede deiner Bewegungen ist ein Schritt tiefer in mein Herz,
In die verzehrende Sehnsucht meiner zitternden Qual.
Bei jedem deiner Schritte (der näherkommt) flattert meine
    Seele wolkenwärts,
Bei jedem deiner Schritte (der sich entfernt) sinkt sie (ein
    angeschossener Vogel) hinab ins Tal!

VII.

Dein Atem umschlingt die Nächte und Sommer und Blumen
Und sprüht ihren wärmenden Hauch versüßt noch auf mich
    zurück.
Sprüht ihn in mein verlangendes
Lustgespanntes Gesicht.

Dein Auge spiegelt die Tropen und Sonnen und Quellen
Und wirft Erfrischung und taumelnde Urwaldpracht
Und Glanz und gesunde Kälte
In meine sehnsüchtigen Augen.

Deine Schritte stoßen an Regen und Donner und Berge
Und schütten durchkühlte Luft und Glorie und Gipfel
Vor meinen in Glück erzitternden
Wonnedurchwehten Körper.

Und wenn ich nie unter deinem Atem zerschmolz,
Spürte ich doch seine Flügel und zwingende Kraft,
Seinen Duft wie im Blühn die Akazien
Und Rauschen wie Sternenseide.

Und wenn ich nie das Geschenk deiner Rede empfing,
Nie Erzklang und Inbrunst, von heiligen Chören geformt
In meine trunken geöffnete
Aufgerissene Seele fiel:

Sprang doch schon tausendfach Gold und Fanfare auf
mich
Aus deiner Stimme hinreißender Glocken-Macht,
Sprach doch schon meine gesteigerte Seele im Traum
Lichterdurchtaumelt schimmernde Worte mit dir.

Vor der Wohnung der Geliebten

Ich kam in die Straße voll dumpfen und engen Geruches,
Mit niederen Häusern und schmalem und dunklem Fußweg
Wo an der Ecke das Haus steht, in dem die Geliebte
Wohnt. – Und es erhebt sich nicht über die Nachbarn

Und stürmt nicht in Wonne über die andern hinaus?
O unbegreifliches Wunder! O trostloses Schicksal!
O Unsinn des Lebens! Und wächst nicht in Glorie und Süße
Aufgereckten Bewußtseins und brennenden Stolzes
Zum Himmel und rührt nicht die Sterne mit seinem Dach?

Und ich sehe die Mauern, die grau sind vom Schmutze der
    Zeiten
Und weiß (o zerreißende Schauer!), daß sie umschließen
Den lachenden Fluß deines Leibes und die erhabene
Musik deiner Seele und das beschwingte Gold deiner
    Stimme.

Sonne umstrahlt mich und unsagbare Seligkeit,
Wonnestürme umrauschen mich und ich sinke
Auf die Schwelle und küsse die Steine und fühle
Das Holz der Treppe, das deine Füße berührten.

Und greife die Klinke der Türe, die deine Hände
Umklammerten und fühle, wie die Gerüche
Deines gebadeten Leibes und deines durchglänzten Haares
Über mich fließen und meine Gefühle besternen.

Geliebte! Gefäß aller Gnade! Antrieb zum glühendsten
    Denken!
Wandelnde Anmut! Gewährerin! Schenkendes Leben!
Ewig blühender Baum im Wechsel der seligen Jahre!
Süßestes Schicksal im Dunkel zerstörenden Daseins! ...

Ich ging berauscht und betäubt vom Dufte der Stunden,
Und entschwindenden Blicks noch umfaßt' ich das göttliche
    Haus.
Und sank in Betten, in denen Weiche und Güte
Die gedrückten Gefühle des engen Lebens ersticken.

Lied im Bett

O, abends im Bette liegen, wo alles Dumpfe,
Von des Tages eifernden Kämpfen Beschwerte,
Alle Kälte und Dunkelheit von dir sinkt
Und die leichte Seele in innigem Gleichklang schwingt.

O unter der schützenden Decken wärmender Güte
Liegen, wenn dich angenehme Gedanken erhellen
An sanftes Schicksal, an den Gang der Geliebten,
Die du mit verzückten Gesängen bestrahltest.

Geliebte! Stern zu gutem Schlaf! Erweckerin
Zu gesteigertem Leben! O segnender Schutzgeist du!
Wenn ich in Schnee verirrt war und Eis, dann warst du
Schützende Hütte oben im Dunkel der Berge.

Landhaus im Sommer! Wehendes Silberkleid!
Glorientanz! Brennendes Amen! Beruhigerin! …
An dieses zu denken und denken, daß ich so glücklich
Bin und zufrieden und Gold durch die Stunden rinnt.

Gebet des Dichters

O schlimme Qual des Nichterschaffenkönnens,
O unfruchtbare Qual des Nichtentbrennens
(Das Streichholz knarrt und es entspringt kein Funken),
Qual will hinaus und Sonne, Nacht und Tag,
Schmerz, Tier und Fahne, Landschaft und Gemach
Und alles, was in dich hineingesunken.

Du zerrst und zerrst. – O allzu festes Tau,
An dem du dir die Finger blutig ziehst,
O Betaltar, wo du vergebens kniest,
O vielgeliebte Frau,
Die nur die flüchtigen Blicke an mich schenkt
Und ihre Tiefen in ihr Herz versenkt.
O Qualen, die in Tönen aus mir fliehen –
Möchten und nur nach innen glühen!
O Seligkeiten, die im Wort erglänzen –
Möchten und nur die Seele kränzen!
O süße Schauer, die im Laut entschwingen –
Möchten und nur nach innen singen! …

Gott, lodere du in meinem Wort! Ich rufe dich
Mit niegebebtem Schrei! Verschenke dich an mich!
Gott, lodere du im Wort! Falle in mich hinein
Und steig empor – als Flamme, Blut und Schein!

Nacht-Lied

Abende im Bette zu liegen
Unter den Bildern und Sternen
Und im Dufte der Fernen
Selig sich wiegen.

Gleitend in Decken zu fahren
Durch goldene Weiten
Und in Seligkeiten
Durchleuchtet sich baden.

Federn und Laken voll Güte,
Nacht – und Süße – beschattet.
Was im Lichte sich mühte,
Ist nun ermattet.

(Alles löst sich von dir,
Chemie und Mathematik,
Des Lehrers dämonischer Blick
In dein beglänztes Revier.)

Denken an eine Frau,
Die nackt und ganz nah an dir lag,
An Duft von Weiche und Blau
Und Teppichgemach.

Lied beim Aufwachen am Morgen

Morgendlich angeschmiegt
An schmeichelnde Kissen,
Wehes, das dich umfliegt,
Ist nun zerrissen.

Freundlich funkelt noch nach,
Was du im Schlafe genossen,
Was dich, halbträumend, halbwach –
Leuchtend umflossen.

Seidenes und kühles Gedicht
Klingt in dir.
Schwebendes, tanzendes Licht
Verstrahlt an dir.

Glieder werden wie Gold,
Sind so dem Leben entbebt.
Alles ist nun verzollt,
Was du mit Beben gelebt.

Glieder lösen sich sanft,
Werden gewichtlos und leicht.
Liebe, die zu dir sich neigt,
Führt dich aus Nacht in den Tag.

An die entfernte Geliebte

Nun flattern Eisenbahnen um mich her
Und wirbeln ihren Rauch in mich hinein,
Und um mich brandet donnernd Meer an Meer,
Und um mich prallt zerbrechend Sein an Sein.

Nun fliegen Kurszettel durch meine Träume
Und Zahlen schreiten, schwarz – emporgereckt
Durch nüchterner Kontore weite Räume,
Von harten, kalten Stimmen aufgeschreckt.

Nun taumeln in Kupees von Stadtbahnzügen
Der Lichtreklamen Strahlen-Helligkeit
Und Nacht und Straßen, Menschen, Mond und Lügen
Vorbei an meiner müden Traurigkeit.

Nun bist du ganz Phantom und ganz schon Geist
Und ganz entschwebtes Glück, ungreifbar fern,
Und nicht mehr Wille, der zu Sternen weist,
Und bist selbst nicht mehr Heimat, nicht mehr Stern.

Nun zuckt nur noch in seltnen Augenblicken
Erinnern an dein Lächeln, an dein Kleid,
An deines Gangs unirdische Heiterkeit
Durch mich, ohne mich so nah zu beglücken,

Wie früher es das Jauchzen aller Quellen
Und aller Tänze hingerissene Lust
Und alle Macht von goldenen Wasserfällen
Einschwellen ließ ins Toben meiner Brust.

Nun ist die zuckende Flamme, die mich zwang,
Verse zu schreiben voll von deiner Süße,
Tönend vom leichten Schreiten deiner Füße
Und deines Haares sonnigem Gesang,

Verlöscht und Funken nur aus Asche glühen,
Wo sonst ein Feuer lodernd aufwärts schlug,
Um über Unkraut und verdorrten Trug
Helle und Seligkeit ins All zu sprühen ...

Und doch weiß ich, daß, wenn dein Blick in Flammen
Purpurn nur einmal wieder auf mir brennte,
Aufstiege Segen aller Elemente
Und strahlend schlüge über mir zusammen.

Trennungsschmerz

Werner Kraft zugeeignet

O dumpfer Tod der Einsamkeit!
O schwere Nacht! O Tränen-Nacht!
Verfluchtes Kranken an der Zeit,
Die deine Seele umgebracht!

O Kopfschmerz, der mich rasend packt,
O Hämmer gegen meine Stirn!
O Blitze über mein Gehirn,
So pest-durchbellt und grell-durchzackt!
O Denken kurz und klein gehackt!

Nun fährt der Freund in Nacht hinaus
Und Blühen, Lachen, Helle aus
Und gelbes Schwanken in der Welt,
Die höhnend mich umklammert hält.

O Seele du, zerbrich mir nicht,
O daure über dumpfe Zeit!
Laß Einsamkeit und Einsamkeit,
Daß all ihr Haß an dir zerbricht!

Schlägst du dich auch am Boden wund,
Und wundgekratzt und wundgehaun,
Halt klar die Stirn! Preß zu den Mund!
Und springe über Nacht und Graun,
Denn manches ist noch aufzubaun,

Denn deine Seele ist noch gut
In diesem frevelnden Geschlecht,
Das hart und seelenlos und schlecht
An Staub verwest und Gift im Blut.

Und ist es so tief unter dir,
So schweb' du lachend über ihm!
Ja Mensch, ja Cherubim
Gegen Teufel und Tier!!

Das neue Erlebnis

An R. F.

Wenn ich dich liebhabe, was geht's dich an? Philine.

O unbegreiflicher Anhauch der Liebe!
Ahnung des holden Etwas, das dich Durchglänzte umfängt
Und holder auf mich Erzitternden weht.
Ahnung des seligen Klanges deiner Stimme!
Selig wodurch? O Unbegreiflichkeit!
Mischung der frohen Farben deiner Haut
Und reizende Zusammenstellung deiner Worte!

Weißt du, daß ich dich liebe, tausendfach Geliebte,
Gesteigerte im Traum sehnsüchtiger Stunden?
Kind, das ich bin! O Herz, sei doch zufrieden!
Ihr Was und Wie! taucht in den Schlund zurück,
Aus dem ein fahler Wirbel euch gebar.
Was ist da viel zu fragen und zu denken?
Gott warf es in dich, und so ist es gut!
Genug, dein Sinn genießt, dein Herz erbebt,
Die Seele stürzt in Blaues und Smaragdenes,
Worte aus ihrem Mund sind süß zu hören,
Gerüche ihres Haares sind mild zu schmecken,
Und Atem deines Mundes! Und Augen klar und tief!
Und süß darin sich spiegeln, Lachen hell
Und süß verklärend dein Gesicht und süß,
Nicht minder süß, mich zu verklären ...
Seele! So jauchze doch dem Leben zu!
Seele! Dank' deinem Gott!

Sehnsucht

Einmal nur dich wiedersehn,
Dir zu Füßen fallen,
Meine Blicke um dich wehn,
Blondeste von allen!

Daß dies Zimmer einmal noch
Meine Lust umschließe,
Seinen Schimmer einmal noch
Über mich ergieße,

Einmal noch dein goldener Gang
Mir vorüberschwebe
Und mein Herz im Überschwang
Einmal noch erbebe!

Daß dein Aug' noch einmal nur
Gold und Güte sprühe,
Einmal hinter deiner Spur
Noch mein Schritt erglühe!

Räume zwischen uns, vergeht!
Wirbelt uns zusammen,
Daß, was brünstig sie erfleht,
Seele mag entflammen!

Dein Gesang, der mir nicht tönt,
Wird mich mild umrauschen,
Daß ich, gütig und versöhnt,
Lauschen kann, nur lauschen.

Lächeln, das nicht mir erglüht,
Wird mich grün umranken,
Daß mein zitterndes Gemüt
Danken kann, nur danken.

Und dein Blick, der mir nicht gilt,
Mich zu Sternen heben,
Daß mein Herz, von Gott erfüllt,
Schweben kann, nur schweben!

Du nur bist Licht und Luft und Element

Mein Herz schlägt desto feuriger nach dir,
Je dicker sich die Zeit ballt, die uns trennt,
Und bäumt sich in der Glut, die es verbrennt,
Empor aus dem verpesteten Revier.

Was nicht zu dir gehört, erscheint als Tier.
Du nur bist Licht und Luft und Element.
Und nur *dem* Ton gebiet' ich, der *dich* nennt,
Und *der* nur loht und wird zu Kunst in mir.

Dein Herz, schon göttlich und Emblem der Güte,
Von meinen Strophen grenzenlos entfacht,
Ist doch dem Göttlichen nicht so vermählt,

Daß mich nicht auch dein Menschliches beseelt
Im Wirbel deines Blondes durch die Nacht,
Vor dem ich einst in Tau und Tränen kniete.

Die Entschwundene. I.

Dahin! Dahin! Du Leuchter des Altars,
Mädchen! auf ewig nun dahingesunken
Und ewig Blau des Blicks und Blond des Haars,
Darin ich lag, von Duft und Sonne trunken.

Ein anderer faßte diese zarte Hand,
Nicht glücklicher als ich und nicht beneidet,
Denn was ist zärtlicher als dieser Brand
Und diese sanfte Sehnsucht, welche leidet?

Dein Platz ist leer. – Wenn ich ihn wiedersehe,
Wird Kälte aus der Leere auf mich schäumen
Und Sehnsucht sich nach deiner leichten Nähe
In meiner Seele auf zum Gotte bäumen

In milder Traurigkeit und dieses denken:
O dumpfe Qual des ewigen Entferntseins!
Es war so schön, dies selige Sich-versenken
Und diese Lust entbebtesten Besterntseins …

Doch was ist dies, dem ewigen Glück vergleichbar,
Das einst und immer noch mich süß durchquillt:
Bist du auch meinem *Auge* unerreichbar,
Ist meine *Seele* doch von dir erfüllt.

Denn dieses frag' ich wieder, immer wieder:
Was ist denn Wirklichkeit? Nichts ist sie, nichts!!

Vor dem *Erträumten* stürzt die Seele nieder,
Erschüttert von der Größe des Gesichts.

Denn dies frag' ich: Was wären Worte, Sätze,
Und wenn sie tausendstrahlig mich bespülen,
Was gegen dieses ungeheure Fühlen,
Mit dem ich meine Seele jetzt benetze?

Da ich dich *sah*, wurdest du riesengroß
Und wuchsest blau im Feuer meiner Strophen
Und warfst dich, angefacht und grenzenlos,
Blonde! Flamme! in meiner Seele Ofen.

Als du *entfernt warst*, wurdest du Emblem
Von Güte, Mitleid, Wollust, Stern und Gold
Und wurdest von dem Wolken-Diadem
Des Gottes selbst durchrollt

Und ließest stählern mich in dir erhärten,
Denn deine Güte, deiner Stimme Gärten,
Denn deines Gangs befeuernde Gewalt,
Denn deine Blondheit ward in mir *Gestalt*.

Und ob ich dich auch niemals wiedersehe,
Mein Herz ist leicht und wie noch nie geschwellt,
Denn deine goldene, ungeheure Nähe
Braust stets in ihm und, wie sie es erhellt,
Stellt es in Feuer-Hymnen in die Welt.

Da du verloren, bist du erst gewonnen,
Auf immer mir entrückt, entrückst du mich,
Und meine Sehnsucht kreist wie tausend Sonnen
In nie erlebter Strahlen-Kraft um dich.

Aufloht dein Haar und Aug' und Kleid und Gang,
Schlägt brennend in das Blau, wird selbst zum Blau
Und löst sich auf in dem Triumph-Gesang
Entfachter Stärke und geballt im Klang
Von Härte, Locken, Mut und Morgen-Tau.

– So sei gegrüßt und für die Fahrt gesegnet,
Mädchen! Für immer Stern aus meiner Krone,
Auf die, – in Zärtlichkeit zu seinem Sohne –
Der Väterliche auf dem Wolken-Throne
Feurige Flut der letzten Güte regnet.

Die Entschwundene. II.

Ich denke manchmal, daß das keiner kennt:
Dies rasende Geglüh aus tausend Türen,
Und daß dies so gering ist, was uns trennt,
Und zu gering für mich, dich zu verlieren.

Ich denke manchmal, daß dies nie gefühlt:
Wie mich dies Zittern hoch und höher hebt,
Und dieses Dumpfe, das mich niederwühlt,
Mich plötzlich trägt und sanft mit mir entschwebt.

Wie ein Gesicht dies alles in mich wirft,
Kein Wort, kein Kuß, keine Vereinigung,
Nicht Nähe, die geheime Wollust schlürft
Und sich entfacht zu ungeheurem Schwung.

Nicht, daß ihr Kleid mich leise je gestreift,
Ich ihre Haut je im Gedräng' gespürt
Und ihre Hand, die in die Sterne greift,
Jemals die meine hat berührt:

Ein Lächeln nur, ein Blick, auf mich gerichtet,
(War er auf dich gerichtet? Träumst du nicht?)
Ein Auge, aus dem süßen Stoff gedichtet,
Der aus dem Auge meines Gottes bricht,

Beisammensein im gleichen hellen Raume,
Wo du mit deinem Blick sie überfielst,
Ein süßes, liebes Trostes-Wort im Traume,
Das du noch immer in dir brennen fühlst:

Das war Erleben, das noch nie erlebt,
Und war ein Beben, das noch nie gebebt
Und war ein Höher-zittern, Höher-schwellen
Und war ein Taumeln über goldene Wellen

Und war ein Überfließen und Sich-sehnen
Und war ein Stützen und ein Höher-wehn
Und war ein Abend-Glück in Lust und Tränen
Und war ein Morgen-Gang in Laub und Seen

Und ist dies heut in mir wie nie zuvor
Und reißt mich, schwingt mich wie noch nie empor
Und fährt noch einmal mit mir durch die Lüste,
Mit denen damals mich mein Dämon küßte.

Was heißt Verlieren? Gibt es ein Verlieren?
Entschwinden? Denn wo gibt es ein Entschwinden,
Da ja der Brand, den deine Genien schüren,
Sich dir wohl steigern kann, doch nicht entwinden?

Was heißt Entferntsein? Gibt es ein Entferntsein?
Ist sie denn nicht unendlich in der Nähe,
Damit sie dich wie Purpur überwehe
Und deiner Himmel nächtliches Besterntsein?

Ein Ruck, und die Gedanken sind beisammen,
In die du ihre Blondheit hast geballt
Und wie noch nie in solchen süßen Flammen
Erstrahlt dir ihre adlige Gestalt,

Ist da und überschwemmt dich mit Gezitter
Und wirft dich tiefer in das Meer der Lust.
Der Gott erklirrt aus Wolke und Gewitter,

Die Luft vergoldet sich, einstürzt das Gitter
Und über das Gestürzte: – Fleisch und Flitter –
Strömt die erfüllte Sehnsucht in die Brust.

Ein Sonnenaufgang färbt das Firmament,
Da ist ihr Stuhl, und da geht sie entlang,
Wiegend, tanzend, in leicht' und goldenem Gang,
Betaut von Licht und rosenem Gesang,
Und sacht in dir den glühenden Überschwang,
Der selig donnert, daß dies keiner kennt.

Das ewige Erlebnis

An M. S.

Wie? Lächeln mir noch einmal Auge und Gang herauf?
Stürzen in mein Gefild noch einmal Zittern und Licht?
Bist du, süße Erscheinung,
Immer noch lebendig in mir?

Monatelang entschwand Blond in Haar und Gestalt,
Und in die Dämmerung dumpfer Vergessenheit
Glaubte ich es gefallen,
Aus der armen Seele verbannt.

Aber das leichte Gefühl sonnigen Frühjahrs um mich,
Kaum schon Frühjahr, nur erst Sonne in kühlerem Wind,
Führt dich zu mir herauf,
Tür wieder, Stuhl und Tisch und Gemach.

Aber das gütige Blau dieses erstrahlenden Tags,
Ahnung kommenden Glücks beim Spaziergang im Grün,
Leichten, feurigen Schritts
Und erfüllt von freundlichem Licht,

Ahnung herzlicher Lust im Gespräch mit dem Freund,
Jugendlich-heiteren Spotts, hin zur Sonne gewandt,
Die dem lachenden Mut
Mütterlich-segnend zum Siege scheint:

Ist im tiefsten dir nah, nah deinem neuen Gestirn,
Mischt in Morgen und Gold deine Blondheit hinein,

Deines gütigen Augs
Schwesterliche Sendung für mich.

Denn wem *einmal* ein Blick klarere Täler erschloß,
Einmal das Blau eines Auge ehern den Gott offenbart,
Einmal ein schwebender Schritt
In dem Chaos die Form gezeigt,

Einmal ein seeliger Blick mitten ins Herz hinein
Aller Liebe Gesetz ewiglich bloßgelegt
Und einer Stimme Blond
Einmal die Flamme entbunden hat:

Dem hält heiliger Bann ewig das Innere fest,
Und der Dämon befiehlt ewig das stürzende Lied,
Und für ewig durchglühn
Stimme und Aug' das anbetende Herz.

Erzählungen der Frühromantik

1799 schreibt Novalis seinen Heinrich von Ofterdingen und schafft mit der blauen Blume, nach der der Jüngling sich sehnt, das Symbol einer der wirkungsmächtigsten Epochen unseres Kulturkreises. Ricarda Huch wird dazu viel später bemerken: »Die blaue Blume ist aber das, was jeder sucht, ohne es selbst zu wissen, nenne man es nun Gott, Ewigkeit oder Liebe.«

Tieck Peter Lebrecht **Günderrode** Geschichte eines Braminen **Novalis** Heinrich von Ofterdingen **Schlegel** Lucinde **Jean Paul** Des Luftschiffers Giannozzo Seebuch **Novalis** Die Lehrlinge zu Sais
ISBN 978-3-8430-1878-4, 416 Seiten, 29,80 €

Erzählungen der Hochromantik

Zwischen 1804 und 1815 ist Heidelberg das intellektuelle Zentrum einer Bewegung, die sich von dort aus in der Welt verbreitet. Individuelles Erleben von Idylle und Harmonie, die Innerlichkeit der Seele sind die zentralen Themen der Hochromantik als Gegenbewegung zur von der Antike inspirierten Klassik und der vernunftgetriebenen Aufklärung.

Chamisso Adelberts Fabel **Jean Paul** Des Feldpredigers Schmelzle Reise nach Flätz **Brentano** Aus der Chronika eines fahrenden Schülers **Motte Fouqué** Undine **Arnim** Isabella von Ägypten **Chamisso** Peter Schlemihls wundersame Geschichte **Hoffmann** Der Sandmann **Hoffmann** Der goldne Topf
ISBN 978-3-8430-1879-1, 408 Seiten, 29,80 €

Erzählungen der Spätromantik

Im nach dem Wiener Kongress neugeordneten Europa entsteht seit 1815 große Literatur der Sehnsucht und der Melancholie. Die Schattenseiten der menschlichen Seele, Leidenschaft und die Hinwendung zum Religiösen sind die Themen der Spätromantik.

Brentano Die drei Nüsse **Brentano** Geschichte vom braven Kasperl und dem schönen Annerl **Hoffmann** Das steinerne Herz **Eichendorff** Das Marmorbild **Arnim** Die Majoratsherren **Hoffmann** Das Fräulein von Scuderi **Tieck** Die Gemälde **Hauff** Phantasien im Bremer Ratskeller **Hauff** Jud Süss **Eichendorff** Viel Lärmen um Nichts **Eichendorff** Die Glücksritter
ISBN 978-3-8430-1880-7, 440 Seiten, 29,80 €

Karl-Maria Guth (Hg.)

Erzählungen aus dem Biedermeier

HOFENBERG

Karl-Maria Guth (Hg.)

Erzählungen aus dem
Biedermeier II

HOFENBERG

Karl-Maria Guth (Hg.)

Erzählungen aus dem
Biedermeier III

HOFENBERG

Erzählungen aus dem Biedermeier

Biedermeier - das klingt in heutigen Ohren nach langweiligem Spießertum, nach geschmacklosen rosa Teetässchen in Wohnzimmern, die aussehen wie Puppenstuben und in denen es irgendwie nach »Omma« riecht.

Zu Recht. Aber nicht nur.

Biedermeier ist auch die Zeit einer zarten Literatur der Flucht ins Idyll, des Rückzuges ins private Glück und der Tugenden. Die Menschen im Europa nach Napoleon hatten die Nase voll von großen neuen Ideen, das aufstrebende Bürgertum forderte und entwickelte eine eigene Kunst und Kultur für sich, die unabhängig von feudaler Großmannssucht bestehen sollte.

Georg Büchner Lenz **Karl Gutzkow** Wally, die Zweiflerin **Annette von Droste-Hülshoff** Die Judenbuche **Friedrich Hebbel** Matteo **Jeremias Gotthelf** Elsi, die seltsame Magd **Georg Weerth** Fragment eines Romans **Franz Grillparzer** Der arme Spielmann **Eduard Mörike** Mozart auf der Reise nach Prag **Berthold Auerbach** Der Viereckig oder die amerikanische Kiste

ISBN 978-3-8430-1884-5, 444 Seiten, 29,80 €

Erzählungen aus dem Biedermeier II

Annette von Droste-Hülshoff Ledwina **Franz Grillparzer** Das Kloster bei Sendomir **Friedrich Hebbel** Schnock **Eduard Mörike** Der Schatz **Georg Weerth** Leben und Taten des berühmten Ritters Schnapphahnski **Jeremias Gotthelf** Das Erdbeerimareili **Berthold Auerbach** Lucifer

ISBN 978-3-8430-1885-2, 440 Seiten, 29,80 €

Erzählungen aus dem Biedermeier III

Eduard Mörike Lucie Gelmeroth **Annette von Droste-Hülshoff** Westfälische Schilderungen **Annette von Droste-Hülshoff** Bei uns zulande auf dem Lande **Berthold Auerbach** Brosi und Moni **Jeremias Gotthelf** Die schwarze Spinne **Friedrich Hebbel** Anna **Friedrich Hebbel** Die Kuh **Jeremias Gotthelf** Barthli der Korber **Berthold Auerbach** Barfüßele

ISBN 978-3-8430-1886-9, 452 Seiten, 29,80 €